Dr. Wolfgang Beier

Entspannung und Kraft für den Alltag

Cover-Gestaltung: Rincón² Design & Produktion GmbH, Köln
Gesamtherstellung: **VERLAG** FÜR POSITIVE LEBENSGESTALTUNG GmbH, Königswinter

Inhalt

Auf die Einstellung kommt es an

Es waren einmal zwei Schuhverkäufer. Beide wurden von Ihrer Firma in ein weit entferntes, unterentwickeltes Land geschickt, um dort Schuhe zu verkaufen. Nach einigen Wochen schickte der erste der beiden Verkäufer ein Telegramm an seine Zentrale: *»Trostlose Gegend hier! Niemand trägt Schuhe!«*
Kurze Zeit später telegrafierte der andere Verkäufer folgenden Wortlaut an seine Firma: *»Wunderbare Gegend hier! Jeder braucht Schuhe!«*
Es ist wohl keine Frage, wer von beiden mehr Schuhe verkauft hat. Wie kommt das? Nun, der erste glaubte nicht daran, daß er in einer Gegend, wo niemand Schuhe trägt, je welche verkaufen könnte, wogegen der zweite Verkäufer fest davon überzeugt war, Schuhe in großer Anzahl zu verkaufen, gerade deshalb, weil bisher in dieser Gegend noch niemand Schuhe trägt.
Zwei Verkäufer, zwei Menschen, die in zwei verschiedenen Welten leben: Der eine lebt in der Welt der Pessimisten, der andere in der Welt der Optimisten. Der eine denkt negativ, der andere positiv.
Halten wir gleich fest:

Je nachdem, wie wir innerlich eingestellt sind, ist ein und dieselbe Situation für den einen positiv, optimistisch und lebensbejahend, für den anderen aber negativ, trostlos, pessimistisch und oft sogar nicht mehr lebenswert.

Haben Sie sich auch schon mal gefragt,

- warum manche Menschen erfolgreich sind und andere nicht,
- warum manche sich ein Leben lang abstrampeln und es doch zu wenig oder sogar zu nichts bringen und anderen der Erfolg scheinbar mühelos zufliegt,
- warum manche glücklich, zufrieden und lebensfroh sind, andere dagegen unglücklich, unzufrieden und verzweifelt?

Eine wesentliche Erklärung dafür liegt ganz sicher in der Art der jeweiligen Lebenseinstellung.
Jeder kennt das Beispiel mit dem halbgefüllten Glas: Für den einen ist es noch halbvoll, für den anderen ist es schon halbleer. Zwei grundsätzlich verschiedene Betrachtungsweisen, die zwar an der Tatsache selbst nichts ändern, aber dennoch dem Leben eine ganz bestimmte Richtung geben. Es ist keine Frage: Wer sein Leben meistern will, muß sich für die »halbvolle« Blickrichtung entscheiden. Wer im Leben zu den Gewinnern zählen will, muß positiv denken – anders gesagt, er muß Optimist sein. Obwohl diese Tatsache so einleuchtend ist, stehen Optimisten bei uns nicht hoch im Kurs. Irgendwie sind diese Menschen, die

auch dann mit dem guten Ausgang einer Sache rechnen, wenn alles dagegen zu sprechen scheint, und die in Situationen, in denen andere verzweifeln oder aufgeben, sich erst recht gefordert fühlen, sehr verdächtig. In solchen Momenten ernten Optimisten oft nichts als ein Kopfschütteln und müssen sich vorwerfen lassen, sie seien naiv, blauäugig oder hätten eine Brille mit rosa Gläsern auf.
Der Gegner des Optimisten, der Pessimist, hält sich für den einzig realistisch eingestellten Menschen, der die Dinge so sieht, wie sie eben sind. Er ist es, der – so sein »Glaube« – mit beiden Beinen fest auf dem Boden der Tatsachen steht. Aber genau dieser »Glaube« wird ihm letztlich zum Verhängnis. Denn das, was er glaubt, wird auch geschehen.
Ist er davon überzeugt, das heißt erwartet er, daß eine bestimmte Sache nicht gut ausgehen wird, dann wird sie auch nicht gut ausgehen. Am Ende wird er also genauso wie der Optimist recht behalten.
Fassen wir diese Erkenntnis in ein ganz wichtiges Lebensgesetz zusammen:

Das, was man vorhersieht oder erwartet, das, womit man sich in Gedanken ständig beschäftigt, hat das Bestreben, Wirklichkeit zu werden.

Dieses »Gesetz« hat eine fundamentale Bedeutung, es gilt immer, überall und ausnahmslos. Dieses Grundgesetz des Lebens kann niemand austricksen. Wer sich bei allem, was er anpackt, einredet, daß es schiefgehen wird, der erweist sich ebenso als Prophet wie derjenige, der sich einredet, die Angelegenheit werde schon gut ausgehen. Beide erhalten exakt das, was Sie vorhersehen. Dieses Phänomen ist auch bekannt unter der Bezeichnung **»sich selbst erfüllende Prophezeiung«**.

Die Macht der Gedanken

Wir können Gedanken nicht sehen, und doch existieren sie. Alles, was wir denken, wirkt sich in unserem Leben aus. Jeder Gedanke prägt unsere Zukunft. Mit jedem Gedanken bestimmen wir selbst unser Schicksal.
Gedanken sind wie Saatkörner, die zu Bäumen heranwachsen und Früchte tragen. Jeder entscheidet selbst, welche Früchte er einmal ernten wird. Der Mensch soll täglich an die 40 000 Gedanken denken. Es lohnt sich also, sich über Art, Qualität und Richtung seiner Gedanken Klarheit zu verschaffen. Dies ist um so wichtiger, da uns die meisten Gedanken gar nicht bewußt sind. Sie laufen unbemerkt, gewohnheitsmäßig, automatisch ab.
Halten wir hier fest:

Positive Gedanken schaffen positive Denkgewohnheiten.
Negative Gedanken schaffen negative Denkgewohnheiten.

Wenn wir das Leben meistern wollen, müssen wir uns positive Denkgewohnheiten aneignen. Gedanken fallen immer auf den Verursacher, den Erzeuger zurück. Gedanken muß immer derjenige verantworten, der sie gedacht hat. Das, was wir im Leben geschaffen haben, haben wir angezogen durch unsere Gedanken.
Jeder Gedanke zieht ganze Ereignisketten nach sich:

Gedanke → Gefühle → Worte → Handlungen → Resultate

Unsere Lebensumstände existieren letztlich durch unsere Gedanken. Die Gedanken, die wir denken, führen zu Handlungen. Diese wiederum erschaffen alle Wirkungen in unserem Leben – unsere Wirklichkeit.

Gedanken **werden** Wirklichkeit.
Gedanken **schaffen** Wirklichkeit.
Gedanken **sind** Wirklichkeit.

Gedanken sind **Kräfte**, Energien. Und in dem Moment, wo sie gedacht werden, sind sie bereits auf einer »geistigen Ebene« Wirklichkeit. Je häufiger wir einen bestimmten Gedanken denken, um so mehr »verdichten« wir ihn, um so mehr wird er verfestigt. Jedesmal, wenn wir einen Gedanken erneut denken, »laden« wir ihn auf. Es ist dann nur noch eine Frage der Zeit, wann der so verdichtete, aufgeladene Gedanke dann auch auf der Ebene der Wirklichkeit in Erscheinung tritt. Daher ist die Kontrolle unserer Gedanken so wichtig.
Anders gesagt:

Gedankendisziplin ist der Schlüssel zu einem erfolgreichen Leben!

Um Gedanken zu »disziplinieren«, müssen wir sie uns aber zunächst einmal bewußt machen. Und dies ist wiederum nicht so einfach, da – wie wir schon festgestellt haben – ein Großteil unserer Gedankenprozesse unbemerkt abläuft. Überlegen Sie einmal, welche Gedanken Sie in den letzten fünf Minuten, in den letzten fünf Tagen, den letzten fünf Monaten gedacht haben. Wollen Sie, daß diese Gedanken Wirklichkeit werden? Das, worüber Sie in der Vergangenheit nachgedacht haben, ist das, was in der Gegenwart in Ihrem Bewußtsein und Unterbewußtsein vorherrscht. Waren es Angst, Zweifel, Neid oder andere negative Gedanken? Jeder Gedanke ist eine Ursache, die wie ein Bumerang als Wirkung wieder auf uns zurückfällt.

Darin liegt unser Untergang oder unsere Chance. Lassen wir negative Gedanken ständig in uns zu, werden wir die negativen Folgen zu (er)tragen haben. Wählen wir hingegen unsere Gedanken gezielt aus, haben wir damit den Schlüssel des Lebens in der Hand.

Denn eines sollte uns klar sein: Wir alle besitzen eine Freiheit, von der wir viel zu selten Gebrauch machen. Diese Freiheit steht nicht im Grundgesetz geschrieben, aber sie ist doch für jeden von uns da. Jeder kann von dieser Freiheit Gebrauch machen. Niemand kann sie uns wegnehmen oder beschneiden. Selbst wenn wir in Ketten gefangen sind, haben wir immer noch diese Freiheit.

Sie wissen, welche Freiheit gemeint ist? Es ist die Freiheit der Wahl unserer Gedanken! Auch wenn auf diese Freiheit immer wieder von interessierter Seite (Werbung, Propaganda) Einfluß genommen wurde und wird, Tatsache ist:
Wir können durch die Wahl unserer Gedanken bestimmen

- was wir im Leben erreichen wollen,
- wie wir uns fühlen,
- wie wir auf einen Menschen oder auf Umstände reagieren.

Wir können aus der Gefangenschaft unserer alten Gedanken(muster) heraustreten und neue, »frische« Gedanken denken. Wir brauchen – wenn wir erst einmal dahintergekommen sind – nicht länger »denken lassen«, sondern wir können **selbst** denken. Niemand muß Sklave anderer oder seiner alten Gedanken bleiben. Wir können in jedem Augenblick unseren Gedanken eine neue Richtung geben. Die Fähigkeit, selbständig, frei und immer wieder anders zu denken, ist genau das, was uns von den Tieren unterscheidet.

Positives Denken – die große Wende im Leben

Nachdem wir nun wissen, wie tiefgreifend negative Gedanken unser Leben beeinflussen, kann doch die entscheidende Frage nur lauten: *»Wie kann ich negative Gedanken in positive umwandeln?«*
Oder in »fortgeschrittenen« Fällen: *»Wie komme ich aus meinem negativen Gedanken-Teufelskreis heraus?«*
Wenn wir wirklich die »Gedanken-Kurve« kriegen wollen, müssen wir in zwei Schritten vorgehen.

Schritt 1: Bewußtmachen

Um irgend etwas ändern zu können, müssen wir zunächst einmal erkennen, was wir denken. Wir müssen die Gedanken, die pausenlos – im Non-Stop-Flug – durch unseren Kopf sausen, anhalten, sie stoppen und uns bewußtmachen. Halten Sie zu diesem Zweck mehrmals am Tag für einige Augenblicke kurz inne, machen sie eine Gedanken-Rast, und fragen Sie sich:

»Will ich, daß die Gedanken, die ich eben gerade denke oder gedacht habe, in meinem Leben Wirklichkeit werden?«
»Will ich diese Gedanken weiterhin mit Energie versorgen?«

Erinnern Sie sich: Jeder Gedanke gleicht einem Saatkorn, das zur Pflanze heranreift und schließlich Früchte trägt. Stellen Sie sich die »Saat- und Ernte-Frage«: *»Welche Früchte wird dieser Gedanke tragen?«* Und weiter: *»Will ich diese Früchte wirklich ernten?«*
Im Grunde genommen brauchen wir es nur dem Gärtner gleichzutun. Was macht ein Gärtner, wenn er mit seinem Obstgarten nicht zufrieden ist? Er reißt jene Pflanzen, deren Früchte er nicht ernten will, heraus, sät und pflanzt das, was er gerne möchte, und verwandelt so jeden noch so verwilderten Garten in einen blühenden Obstgarten. Die meisten Menschen verhalten sich wie ein betrunkener Gärtner, der Unkraut sät und sich dann wundert, daß daraus nichts Vernünftiges entsteht.
Haben wir also erkannt, was wir nicht ernten möchten, müssen wir uns ans »Rausreißen« machen. Dies geht jedoch bei uns ganz ohne Gewalt zu. Das Zauberwort dabei heißt »Ersetzen«!

Schritt 2: Ersetzen

Wir haben es leichter als der Gärtner. Wir brauchen nichts herauszureißen. Wir ersetzen ganz einfach den unerwünschten Gedanken durch einen erwünschten.

Beispiel:

Gedanken an	**Sorge**	durch	**Vertrauen**
Gedanken an	**Krankheit**	durch	**Gesundheit**
Gedanken an	**Armut**	durch	**Reichtum**
Gedanken an	**Haß**	durch	**Liebe**

Es soll weder etwas verdrängt noch irgendwie bekämpft werden. Es reicht aus, wenn wir uns kurz entspannen und den Gedanken, der für uns nicht Wirklichkeit werden soll, durch einen gegenteiligen Gedanken ersetzen. Wichtig ist nur, daß wir uns nicht gleich entmutigen lassen, manchmal sitzt das Gedanken-Unkraut sehr fest. Wenn wir immer wieder unsere Gedanken neu bestimmen, destruktive Gedanken durch konstruktive ersetzen, gelangen wir zum Erfolg.
Wie oft gehen uns die unmöglichsten Gedanken durch den Kopf, beim Autofahren, beim Zähneputzen oder beim Kartoffelschälen. Wenn wir negative Gedanken nicht an die Leine nehmen, gehen sie mit uns durch.
Wenn wir negative Gedanken nicht durch positive ersetzen, dann werden diese negativen Gedanken uns irgendwann Schachmatt setzen. Es ist, als wenn Sie eine Währung gegen eine andere eintauschen. Tauschen Sie Gedanken, die Ihnen nichts als Unheil bringen, gegen solche aus, die Ihnen Gesundheit, Freude, Erfolg ... bringen. Achten Sie darauf, was in Ihrem Kopf vor sich geht.

Und nun noch einige **praktische Tips** zum positiven Denken:

1. Achten Sie darauf, welche Einflüsse Sie auf sich wirken lassen.
Die Krankheit unserer Zeit heißt nicht Krebs und auch nicht Aids, sondern **Pessimismus**. Schauen wir uns nur einmal um: Das Negative hat Hochkonjunktur, Weltuntergangs-Beschreibungen bringen hohe Auflagen. Rundfunk, Fernsehen und Presse berichten fast nur noch über den negativen Teil unseres Daseins. Katastrophen und Zerstörungen, Krankheit, Krieg und Ängste werden millionenfach verbreitet.

Man muß nicht jede Stunde die sich wie ein Ei dem anderen ähnelnden Rundfunknachrichten auf sich einrieseln lassen. Auch auf die Tagesschau (womöglich noch kurz vorm Schlafengehen) kann man gut und gerne verzichten. Wählen Sie auch die Bücher und Zeitschriften sorgfältig aus, die Sie lesen. Und – soweit möglich – überlegen Sie sich sehr gut, mit welchen Menschen Sie sich umgeben möchten. Kennen Sie das? Es gibt Menschen, in deren Gegenwart man sich wohl fühlt, und es gibt Menschen, die einen leersaugen, in deren Gegenwart man sich ausgelaugt fühlt. Niemand ist gezwungen (zumindest nicht in der Freizeit), sich mit Menschen einzulassen, die chronisch negativ denken und reden. Treffen Sie also eine kluge Auswahl.

2. Achten Sie auf Ihre Worte

Worte sind mehr als nur Worte. Worte sind gebündelte Kraft. Worte können aufbauen und zerstören. Worte können aufrichten und hinunterziehen. Worte beeinflussen uns selbst und andere. Worte sind Suggestionen.
Positive Worte beeinflussen positiv (*»Ich schaffe es«, »Du wirst gesund«*). Negative Worte beeinflussen negativ (*»Das schaffe ich nie«, »Du wirst nie gesund«*). Schalten Sie Ihre Ohren auf Durchzug, wenn Sie nur Negatives hören.
Denken Sie erst – bevor Sie reden.

Überlegen Sie, ob das, was Sie sagen möchten, wirklich mitteilenswert ist. Hilft es anderen, erfreut es andere? Muß es überhaupt gesagt werden? Kann es – sofern es sich um etwas Negatives handelt – vielleicht in einer positiven Weise gesagt werden?
Man kann nicht nur Gedanken, sondern auch Worte ersetzen. Worte entspringen Gedanken und haben meist Taten zur Folge:

Gedanken → Worte → Taten

Die Abfolge gilt aber auch in umgekehrter Richtung:

Gedanken ← Worte ← Taten

Taten beeinflussen unsere Worte und Gedanken. Indem Sie auf Ihre Worte achten, können Sie auch Ihre Gedanken erziehen. Disziplin im Reden führt zu Disziplin im Denken! Alles beeinflußt sich gegenseitig. Überlegen Sie sich die möglichen Auswirkungen, **bevor** Sie zu reden beginnen. Auch Worte schaffen Wirklichkeit.

3. Machen Sie aus allem das Beste

Wir leben in einer polaren Welt. Alles hat zwei Seiten. Schwierigkeiten können uns vernichten oder aufrichten und wachsen lassen. Ob etwas gut oder schlecht ist, kommt immer auf die Perspektive des Betrachters an. Dieselbe Situation kann so oder so wirken.
Jede Situation, jedes Ereignis ist zunächst einmal lediglich eine ganz bestimmte Situation. Als solche sollten wir sie auch betrachten, ohne jegliche Wertung. Denn erst durch unsere Wertung entscheiden wir, ob etwas positiv oder negativ ist.

Ist ein Messer gut oder schlecht?
Ist elektrischer Strom gut oder schlecht?
Ist Streß gut oder schlecht?

In der Hand eines Kriminellen kann ein ansonsten sehr nützliches Messer ausgesprochen unangenehme Folgen haben. Elektrischer Strom kann lebensrettende medizinische Apparate betreiben oder aber auch einen zum Tode verurteilten Menschen mittels eines zu diesem Zweck geschaffenen »Stuhls« ins Jenseits befördern. Und was den so oft geschmähten Streß betrifft, so brauchen ihn nicht wenige, um zu ihrer vollen Leistung zu gelangen.
Prägen wir uns also gut ein: Alles kann man so oder auch anders sehen. Wer immer gleich das Negative sucht oder vermutet, wer immer gleich »schwarz« sieht, hat bald nichts mehr zu lachen. Das positive Denken beginnt mit der Einsicht, daß nichts wirklich nur negativ ist, sondern daß man praktisch allem auch noch – mindestens – eine positive Seite abgewinnen kann. Das mag manchmal schwerfallen, läßt sich aber einüben und wirkt dann auch, wenn es einmal ganz »dick« kommt. Haben wir nicht alle schon einmal die Erfahrung gemacht, daß Ereignisse, die uns anfangs negativ erschienen, sich im nachhinein als durchaus positiv, manchmal geradezu als segensreich erwiesen haben?
Mit welchen Erfahrungen wir auch immer konfrontiert werden, in jedem Fall lernen wir daraus. Und wenn wir positiv eingestimmt sind, werden auch unsere Erfahrungen positiv sein. So können wir auch aus Fehlern und ihren Folgen mancherlei lernen. Nur wer auch mal Fehler macht und aus ihnen lernt, kann sich weiterentwickeln und reifen. Letztlich ist nicht entscheidend, was passiert und was auf uns zukommt. Ausschlaggebend ist immer, wie wir uns dem Ereignis, dem Geschehen, der Situation stellen, wie wir also reagieren!

Merken wir uns:
Wir Menschen können niemals zu 100 Prozent bestimmen, was im Leben auf uns zukommt. Aber wir können zu 100 Prozent bestimmen, wie wir damit umgehen, wie wir uns verhalten und wie wir uns dabei fühlen. Voraussetzung ist eine positive Grundeinstellung dem Leben gegenüber.

Wer positiv denkt, selbst wenn er zunächst nichts Positives zu erkennen vermag, aktiviert dadurch alle Kräfte und Energien und schafft es schließlich häufig doch noch, daß sich das Bild zum Besseren wendet.

4. Übernehmen Sie für Ihr Leben die volle Verantwortung

Verantwortung für sein Leben zu übernehmen ist eines der stärksten Merkmale des positiv denkenden Menschen.

Dies bedeutet unter anderem:

• Jede Schuldsuche bei anderen oder in der Außenwelt – schlechtes Wetter, schlechte Zeiten, die Regierung, die Eltern, der Partner – hat zu unterbleiben. Egal, was uns in der Kindheit, Schulzeit usw. widerfahren ist, wir können es heute anders und besser machen. Jeder Augenblick ist ein Augenblick, in dem wir neu beginnen können.
Der eine hat gute Karten mitbekommen, der andere eher schlechte. Worauf es ankommt ist aber, wie wir mit diesen Karten spielen. Ein schlechter Skatspieler kann auch mit einem guten Blatt verlieren. Es kommt nicht auf die Karten an. Immer ist es das Können, das den Ausschlag gibt. Gute Karten sind noch lange keine Garantie für ein gutes Leben. Lernen Sie den Umgang mit den Karten, und tauschen Sie da, wo es sinnvoll ist, alte Karten (z.B. die Kindheits-Karte) gegen neue Karten aus.
Je mehr wir der Vergangenheit, anderen Menschen oder den Umständen die Schuld für unser unbefriedigendes Leben geben, um so mehr machen wir uns zum Spielball anderer Menschen oder der Umstände. *»Schaue auf Dich selbst, nicht aber auf die Sonne, wenn Dein Garten nicht blüht«*, so lautet eine chinesische Weisheit.
Geben Sie jetzt ein für allemal jede Neigung, die Verantwortung für Ihr Leben an andere abzuschieben, »an der Garderobe ab«. Sagen Sie: *»Ich übernehme die volle Verantwortung für mein Leben«*. Und stehen Sie dazu!

• Verantwortung zu übernehmen bedeutet auch, Entscheidungen zu treffen und bereit zu sein, die Konsequenzen, die sich daraus ergeben, zu tragen.

Lernen Sie, sich zu entscheiden, nutzen Sie jede noch so kleine Gelegenheit, um Ihre Entscheidungsfreudigkeit zu entwickeln.

Drücken Sie sich nicht um fällige Entscheidungen herum. Gebrauchen Sie keine Ausflüchte, und hüten Sie sich vor der »Aufschieberitis«. Aus Angst, die falsche Entscheidung zu treffen, treffen viele oftmals gar keine Entscheidung. Das stellt sich dann meist als der größte Fehler heraus. Keine Entscheidung zu treffen ist auch eine Entscheidung, die jedoch meist negative Konsequenzen hat. Wer im Leben weiterkommen will, muß sich entscheiden können. Wer dagegen stehenbleiben und zurückfallen will, kann sich getrost auch weiterhin um jede Entscheidung herumdrücken.

• Verantwortung zu übernehmen heißt, nicht ständig die Worte *»man«* oder *»wir«* zu verwenden. Dies sind Worte, hinter denen *»man«* sich prima verstecken kann.

Nur, es bringt einen im Leben nicht weiter. Stehen Sie zu Ihrer Entscheidung und verwenden Sie, wenn Sie Ihre Meinung vertreten und sich selbst meinen, das Wörtchen *»ich«*.

• Verantwortung zu übernehmen bedeutet, daß man nicht für die Gefühle anderer die Verantwortung übernimmt. Jeder macht seine Gefühle selbst. Wenn zum Beispiel jemand aufgrund einer Entscheidung oder eines Verhaltens von Ihnen verärgert ist, so ist das allein seine Sache. Haben Sie sich etwa zu einem Termin verspätet, so können Sie sich entschuldigen. Geht der andere dennoch gleich »auf die Palme«, so ist das allein seine Angelegenheit.
Dies gilt auch im umgekehrten Fall: Wie Sie sich fühlen, hängt nicht davon ab, wie sich andere Ihnen gegenüber verhalten. Es mag geschehen was will, Sie haben die Möglichkeit, Ihre Einstellung so zu wählen, daß es Ihnen »trotzdem« gut geht. Sorgen Sie selbst für Ihre Gefühle, dann sind Sie in Ihrem Handeln nicht von anderen und deren Zustimmung abhängig. Das heißt nicht, rücksichtslos zu sein. Es bedeutet lediglich, daß Sie den Mut haben, das zu tun, was Sie für richtig halten, auch wenn andere Ihr Verhalten kritisieren. Sie machen sich dann in Ihren Entscheidungen nicht von anderen abhängig, sondern verlassen sich mehr auf sich selbst. Vergessen Sie nie:

Je mehr Sie die Verantwortung für Ihr Leben übernehmen, um so weniger Macht werden andere über Sie haben.

Wir wissen jetzt um die Bedeutung des positiven Denkens. Positives Denken macht positives Handeln jedoch nicht überflüssig. Um positiv handeln zu können, brauchen wir nun noch Ziele, wenn möglich positive. Und genau damit soll es nun weitergehen.

Die Macht der Ziele

Stellen Sie sich folgende Situation vor: Jemand steht an der Fahrkartenausgabe, legt dem Schalterbeamten 100 Mark hin und sagt: *»Eine Fahrkarte für 100 Mark bitte.«* Was passiert? Nun, genau das ist es: Nichts passiert, sofern der Betreffende nicht sagt, wohin er will. Der Schalterbeamte wird ihm keine Fahrkarte verkaufen können, solange er das Reiseziel nicht kennt.
Genauso ist es im Leben. Das Leben ist eine Reise. Wenn wir das Ziel nicht kennen, kommen wir nicht vom Fleck. Wir bleiben stehen, wo wir sind.
Kommen wir nun zu Ihnen. Kennen Sie Ihre Ziele? Die ganze Kraft Ihrer Gedanken nützt Ihnen wenig, wenn Sie nicht wissen, worauf Sie sie lenken sollen. Über seine Ziele sollte man sich schriftlich Klarheit verschaffen. Darum: Nehmen Sie sich einen leeren, großen Bogen Papier. Schreiben Sie in die obere Hälfte in gut lesbaren Buchstaben die entscheidende Frage hin. Sie lautet:

»Was will ich in meinem Leben erreichen?«

In die Mitte des Bogens schreiben Sie die folgende Frage, die unmittelbar an die vorhergehende anknüpft:

»Was muß ich tun, und wie mache ich es?«

Notieren Sie unter der ersten Frage alle Ziele, die Ihnen einfallen. Bewerten Sie Ihre Ziele noch nicht, sondern schreiben Sie auf, was Ihnen einfällt. Halten Sie auch Ihre geheimen Ziele nicht zurück. Grundsätzlich lassen sich dabei zwei Arten von Zielen unterscheiden:

private Ziele – berufliche Ziele

Es ist sinnvoll, für jede Zielgruppe eine eigene Spalte einzurichten. Bringen Sie nun die Ziele in eine Rangliste. Setzen Sie das wichtigste Ziel ganz nach oben. Unterteilen Sie gegebenenfalls größere Ziele in Unter- oder Teilziele. Ein riesiges Ziel kann uns entmutigen, haben wir es jedoch in mehrere Teilziele gegliedert, sieht die ganze Sache gleich viel einfacher aus.
Formulieren Sie Ihre **Ziele** möglichst konkret.

Also nicht:	*Ich möchte einmal genügend Geld haben.*
Sondern:	*Ich möchte in spätestens zwei Jahren 10.000 DM im Monat verdienen.*
Nicht:	*Ich möchte einmal eine eigene Firma haben.*
Sondern:	*Ich möchte bis zum ... eine eigene Firma für Südfrüchte-Import aufbauen.*

Noch besser ist es, das Wort »möchte« durch das bestimmte Wort »werde« zu ersetzen.

Ich werde ..... verdienen.
Ich werde ..... aufbauen.

Da steckt gleich wesentlich mehr Zündstoff dahinter. Merken Sie es? Wenn Sie bei der Zielfindung Schwierigkeiten haben, so fragen Sie sich, welches Ihre Wünsche und Fähigkeiten sind. Ihre Wünsche und Fähigkeiten helfen Ihnen sehr schnell, die richtige Zielspur zu finden.
Eine andere Frage, die Ihnen schnell die Augen öffnen wird, lautet:

»Was ist für mich das Wichtigste im Leben?«

Diese Frage hilft Ihnen, Klarheit in den Dschungel Ihrer Ziele zu bringen. Gehen Sie, nachdem Sie die beiden Ziellisten vorliegen haben, zur zweiten Frage:

»Was muß ich tun, und wie mache ich es?«

Überlegen Sie sich:

- Mit welchen Schritten beginne ich?
- Welche Mittel (Geld, Ideen, Fähigkeiten) sind zur Erreichung des Zieles erforderlich?
- Kann ich das Ziel allein erreichen, oder benötige ich fremde Hilfe?
- Bis wann möchte ich meine Ziele (Teilziele) erreicht haben?

Bauen Sie sich auch Kontrollmöglichkeiten ein, anhand derer Sie überprüfen können, ob und inwieweit Sie Ihre Ziele erreicht haben. Regelmäßige Etappenkontrollen auf dem Weg zum Ziel sind unerläßlich, sonst kann man gar zu leicht vom Weg abkommen und sich verirren.
Wenn Sie sich an die Arbeit machen, Ihr(e) Ziel(e) zu finden, sollten Sie noch folgendes beachten:

1. Das Ziel muß für Sie persönlich erreichbar sein. Setzen Sie sich aber nicht durch den Gedanken *»unmöglich«* zu enge Grenzen.

2. Das Ziel darf nicht gegen das Wohl der Allgemeinheit verstoßen, sonst meldet sich das schlechte Gewissen, und Ihr Unterbewußtsein arbeitet gegen Sie.

3. Das Ziel muß für Sie plastisch vorstellbar sein. Anders gesagt: Was Sie sich nicht vorstellen können, können Sie auch nicht erreichen.

4. Das Ziel muß Ihrem eigenen inneren Wesen entsprechen. Es müssen also Ihre ureigensten Ziele sein; bei fremden Zielen geht Ihnen früher oder später die Luft aus.

Wenn Sie Ihre Ziele klar festgelegt und sich einen entsprechenden Plan ausgearbeitet haben, können Sie loslegen. Doch freuen Sie sich zunächst einmal, daß Sie schon bis zu diesem Punkt gelangt sind. Denn viele Menschen kommen erst gar nicht so weit. Die meisten haben, finden, kennen keine Ziele.

Viele Menschen erreichen Ihre Ziele im Leben nie, weil sie nicht den Mut aufbringen, sich überhaupt welche zu setzen!

Sie möchten viel erreichen, wissen aber nicht was. Sie sehen Dinge, die sie gerne hätten, strengen sich aber nicht (genügend) an, um sie zu bekommen. Sie erwarten, daß Ihnen eine gütige Hand alles ohne Anstrengung vor die Füße legt.
So einfach geht es jedoch nicht. Die »gütigen Hände« sind meist die eigenen. Alles, was auf dieser Welt geschaffen wird, wird durch Aktivität erreicht. Die Natur bringt eine ganze Menge Aktivität auf, um allein den Kreislauf der Jahreszeiten in Gang zu halten. Auch der Mensch muß aktiv sein, um seine Ziele zu erreichen. Wer dazu bereit ist, dem stehen alle Wege offen, denn ein Gesetz der Schöpfung lautet:

Du kannst alle Ziele erreichen, die Du Dir vorstellen kannst und für die Du bereit bist zu arbeiten!

Ziele geben unserem Leben einen Inhalt. Wie wäre ein Leben ohne Ziele? Nun, es wäre eben ziel-los. Ziel-los heißt im Grunde genommen sinn-los. Ein sinnloses Leben ist ein sehr gefährdetes Leben. Sie haben ein **sinn-volles** Leben vor sich, ein Leben voller Ziele!
Und deshalb können Sie jetzt die Energien, die Ihnen rund um die Uhr aus dem Universum zufließen, auf das erste Ziel lenken. Sie machen es wie ein Brennglas, das die einfallenden Sonnenstrahlen in einem Punkt bündelt. Mit einem klaren Ziel vor Augen, bewahren Sie sich davor, Ihre Kräfte zu verzetteln. Und zugleich schützen Sie sich vor der so verbreiteten und schon erwähnten »Aufschieberitis«, denn ein klares Ziel ist der beste Grund, etwas nicht mehr aufzuschieben.

Setzen Sie nun anhand Ihres Planes Ihr (erstes) Ziel in die Tat um. Werden Sie tätig, dann werden Sie Ihr Ziel auch erreichen. Oder anders gesagt: Dann werden Sie Erfolg haben. Denn Erfolg zu haben ist nichts anderes, als Ziele zu erreichen!

Die Zauberkraft der Imagination

Wir müssen lernen, uns das, was wir erreichen oder haben wollen, klar, plastisch und vor allem gefühlvoll vorzustellen. Denn das Bild ist die Sprache des Unterbewußtseins.

Jede bildhafte Vorstellung, die uns erfüllt, hat das Bestreben, sich zu verwirklichen.

Jeder Mensch besitzt die Fähigkeit zur bildhaften Vorstellung. Wenn wir das Wort Auto denken, lesen oder hören, dann sehen wir sofort ein Auto auf unserem »geistigen Bildschirm«. Wir können kein Wort, keinen Begriff verstehen, wenn wir uns davon nicht zuvor ein Bild gemacht haben. Und wir können auch nichts Neues schöpferisch schaffen, ohne uns davon zunächst einmal ein Bild gemacht zu haben.
Ein guter Architekt wird zuerst das fertige Haus vor seinem geistigen Auge sehen, bevor er den ersten Strich zu Papier bringt. Kinder bedienen sich dieser Fähigkeit in noch sehr ausgeprägter Weise. Der überzivilisierte, »kopflastige« Mensch der westlichen Welt hat diese natürliche Fähigkeit »einschlafen« lassen. Er benutzt sie in vollem Maß fast nur noch im Schlaf, während er träumt. Aber wie jede Fähigkeit, so kann auch diese wieder erweckt und entwickelt werden.
Wie können wir nun konkret die Imagination, die Vorstellungskraft zu unserem Wohle einsetzen? Wie geht man vor?
Hier eine kurze Anleitung, die uns zeigt, wie es gemacht wird:

1. Voraussetzung für eine erfolgreiche Imagination ist ein Zustand körperlich-seelischer Entspannung. Solange wir noch angespannt sind, werden wir Schwierigkeiten beim inneren Bildersehen haben. Setzen oder legen Sie sich also zunächst locker und entspannt hin. Schließen Sie die Augen. Lassen Sie Ihre Gedanken los, versuchen Sie keine Gedanken festzuhalten – einfach geschehen lassen. »Schauen« Sie mit beiden geschlossenen Augen auf einen gedachten Punkt zwischen Ihren Augenbrauen. Konzentrieren Sie sich ganz zwanglos nur auf diesen Punkt. Beobachten Sie dabei, wie Ihre Entspannung weiter zunimmt.

2. Stellen Sie sich nun den gewünschten Endzustand möglichst lebendig und in Farbe vor. Sie können sich ihn als Bild oder – noch besser – als Film vorstellen. Lassen Sie Ihren Film immer präziser werden. Schaffen Sie sich Ihre eigene Filmvorführung. Vertonen Sie diesen Film.

Zum Beispiel: Sehen Sie, wie Sie die Prüfung bestehen und wie man Ihnen anschließend zur bestandenen Prüfung gratuliert. Sehen Sie sich schlank. Gehen Sie in Ihrem Film ins Kaufhaus, und probieren Sie neue Kleider an. Hören Sie das anerkennende Lob Ihrer Mitmenschen. Sehen Sie sich ohne Zigaretten oder ohne Alkohol Situationen meistern, in denen Sie früher Schwierigkeiten hatten.

Was Sie noch beachten sollten:

- Wählen Sie nur ein Ziel während einer »Imaginations-Sitzung«. Springen Sie nicht ständig hin und her, das würde Ihre mentalen Kräfte zerstreuen und damit unwirksam machen. Bleiben Sie bei Ihrem Ziel, bis das Ziel erreicht ist. Das kann drei Tage, drei Wochen, drei Monate oder drei Jahre dauern. Natürlich können Sie zu verschiedenen Zeiten mit mehreren Zielen parallel arbeiten. Achten Sie darauf, daß sich die verschiedenen Ziele nicht ins Gehege kommen. Ihre Ziele dürfen sich nicht widersprechen, nicht »beißen«.
- Bleiben Sie entspannt, während Sie Ihr Ziel imaginieren. Jede Anstrengung ist von Nachteil. Je stärker Sie ein Bild erzeugen wollen, um so weiter werden Sie sich davon entfernen. Imaginationen auf seinem geistigen Bildschirm entstehen zu lassen sollte kein k(r)ampfhafter, sondern ein spielerischer Vorgang sein.
- Versuchen Sie, sich mit dem imaginierten Endzustand zu identifizieren. Fragen Sie sich: *»Wie fühle, wie verhalte ich mich, wenn ich den gewünschten Endzustand erreicht habe?«* Dadurch »verschmelzen« Sie mit Ihrem Bild und gelangen noch schneller ans Ziel.
- Arbeiten Sie mit Imaginationen lieber regelmäßig, also täglich, für ein paar Minuten als hin und wieder übertrieben lange. Auch für Imaginationen gilt: Steter Tropfen höhlt den Stein!
- Seien Sie schon im voraus dankbar für die Erfüllung Ihres Wunsches. Dankbarkeit ist der beste Katalysator!

Mit Hilfe der gezielt eingesetzten Vorstellungskraft läßt sich im Leben fast alles erreichen. Ohne sie erreichen wir so gut wie nichts. Jeder Erfolgreiche arbeitet mit dieser »Bildkraft« – ob er sich dessen bewußt ist oder nicht. Darum: Nutzen Sie dieses »Zaubermittel«. Lenken Sie diese Kraft auf Ihre Ziele. Verwirklichen Sie ein Bild nach dem anderen. Die Vorstellungskraft macht das Unmögliche möglich. Fangen Sie noch heute an, und hören Sie nie mehr auf.

Konzentrieren Sie sich auf das Hier und Jetzt

Die meisten Menschen leben noch in der Vergangenheit oder schon in der Zukunft. Dabei gibt es nur **eine** Zeit, die **Gegenwart**, und nur einen Zeitpunkt: den gegenwärtigen Augenblick!
Wer das Beste aus dem Leben machen will, muß sich klar vor Augen halten: Die einzige Zeit, die ich habe, um etwas zu ändern, etwas zu tun, ist dieser Augenblick. Das ganze Leben ist nichts anderes als eine endlose Aneinanderreihung von Augenblicken. Darum lautet die große Zen-Weisheit:

Tue, was du tust!

Und damit ist genau das Gesagte gemeint:
»Was tust du eigentlich, um dich zu entspannen?« fragt der Schüler seinen Meister. *»Nichts«*, sagt der Meister. *»Wenn ich gehe, gehe ich, wenn ich esse, esse ich, und wenn ich schlafe, schlafe ich.« »Aber das tun doch alle«*, sagt der Schüler darauf. *»Eben nicht!«* lautet die Antwort des Meisters.

Wenn wir ganz bei dem Gedanken sind, den wir denken, ganz bei dem Gefühl sind, das wir fühlen, ganz bei der Arbeit sind, die wir gerade tun, dann sind wir im Hier und Jetzt. Dann sind wir voll da, spüren alles, was in und mit uns geschieht. Dann sind wir im Idealzustand, in der Wirklichkeit.
Wenn wir **ganz** bei der Arbeit sind, mit der wir uns gerade beschäftigen, gelingt uns alles viel besser, viel leichter, viel entkrampfter, viel schneller – mit viel mehr Freude. Dann sind die »tanzenden Affen« fort. Die tanzenden Affen der Gedanken, die die Konzentration oft ablenken und behindern, die nach anderem schielen und uns verwirren. Sie beruhigen sich und lösen sich auf, wenn wir ganz bei dem sind, was wir gerade tun.

Das, was ich gerade tue, ist immer das Wichtigste!

Wenn ich schreibe, dann schreibe ich, wenn ich streichele, dann streichele ich, wenn ich rede, dann rede ich, wenn ich höre, dann höre ich ...
Jeder kann lernen, sich mehr und bewußter auf das einzulassen, was er gerade tut. Andernfalls flüstern einem die Affen von allen Seiten her immer wieder zu: *»Wirst du das auch schaffen? Beeile dich, mach doch ein andermal weiter. Tu lieber dies oder jenes ... Was wird XYZ dazu sagen?«*
Es kommt nicht nur darauf an, was ich tue, sondern daß ich es tue und vor allem: wie ich es tue! Tue ich es ganz oder nur halb(herzig)? Tue ich es ganz, sind die Affen plötzlich weg.

Auch wenn das alles noch nicht immer gelingt, macht es doch jedesmal froh für den Augenblick. Es stimmt uns gelöst und entspannt, gibt Kraft und Ausdauer, und ganz nebenbei schult es unsere Konzentration und stärkt dadurch vorzüglich unser Gedächtnis.

Erledigen Sie eine Arbeit nicht, damit sie endlich hinter Ihnen liegt, sondern füllen Sie alle Tätigkeiten stärker mit Ihren Sinnen aus!

Seien Sie mit den Sinnen ganz dabei, mit Herz und Seele. Das heißt auch: Lassen Sie sich nicht hetzen, vor allem nicht verrückt machen. Lassen Sie andere von einer Sache zur nächsten eilen. Wir bringen uns um unsere Lebensqualität, wenn wir nicht mehr stehenbleiben können. Wer keine Zeit mehr hat, Blumen zu beobachten, wird sie bald »von unten« sehen können.
Lassen Sie die anderen vorangehen. Und bevor jene oben auf dem Berg ankommen, haben Sie Ihr Glück schon erreicht. Denn für Sie ist schon der Weg sinnvoll, nicht erst Ihr Ziel. Und wenn Sie dann den Gipfel erreichen, haben Sie noch ein weiteres erfüllendes Erlebnis.

Es geht nicht nur um das (Erreicht)Haben, sondern um das (Dabei)Sein.

Entspannung und Meditation

Wir leben in einer hektischen, überdrehten und uns ständig antreibenden Welt. Eine Fülle von Ereignissen, Geräuschen, optischen Reizen, Verpflichtungen und Terminen strömt nahezu pausenlos auf uns ein, so daß die Mehrzahl der in der »zivilisierten« Welt lebenden Menschen nicht mehr in der Lage ist, abzuschalten und zu entspannen.
Der Streß hat längst sein gesundes Maß überschritten und droht viele in die Knie zu zwingen. Einige brechen ganz offensichtlich zusammen, viele spüren Verzweiflung und innere Leere.
In dieser Situation ist die Fähigkeit, sich bewußt entspannen zu können, für einen Großteil der Menschen der Schlüssel zum Überleben. Wer in der Lage ist, sich zu entspannen, verfügt über eines der wertvollsten Mittel, um seine Gesundheit zu bewahren, sie zurückzugewinnen oder zu verbessern.
Entspannung schützt und bewahrt uns vor zahlreichen Erkrankungen. Indem wir (wieder) lernen, regelmäßige Entspannungszeiten zu einem Bestandteil eines jeden Tages zu machen, tun wir das Beste für unsere Altersvorsorge. Denn wenn wir nicht selbst vorsorgen, wird letztendlich auch kein anderer für uns sorgen können.
Bewußte Entspannung wirkt sich positiv auf sämtliche Körperfunktionen aus. Sie reguliert den Blutdruck, normalisiert gestörte Stoffwechselfunktionen sowie vieles mehr und senkt den Cholesterinspiegel mehr als das übertriebene Weglassen von Butter.
Sich entspannen zu können hat nur Vorteile. Entspannte Menschen haben einen gesünderen Schlaf, können klarer denken und sind daher kreativer, verfügen über eine positive Ausstrahlung, haben harmonischere Beziehungen zu anderen Menschen und können generell mit den Herausforderungen des Lebens besser umgehen.

Wer sich entspannen kann, wird sein Leben verlängern und Meister seines Lebens sein.
Wer sich nicht entspannen kann, wird sein Leben verkürzen und Sklave, ja Opfer seines Lebens sein.

Es lohnt sich also, etwas für sich, seine Gesundheit, sein Leben und sein erfolgreiches Dasein zu tun. Es lohnt sich, sich hin und wieder Zeit zu nehmen, um bewußt zu entspannen.
Diese aus dem Zen-Buddhismus stammende **Atem-Übung** verhilft trotz (oder vielleicht gerade) wegen ihrer Einfachheit zu wohltuender Entspannung. Der eigene Atem bietet sich als »Vehikel« zur Entspannung geradezu an. Er ist im-

mer und überall für uns da. Allein indem wir ihn wahrnehmen, entspannen und heilen wir uns.

Konzentration auf den Atem

Setzen Sie sich aufrecht und bequem hin. Schließen Sie Ihre Augen. Zählen Sie nun Ihre Atemzüge jeweils von 1 bis 10, und fangen Sie dann einfach wieder mit 1 an.

Also:	Einatmen	=	1
	Ausatmen	=	2
	Einatmen	=	3
	....		
	....		
	Einatmen	=	9
	Ausatmen	=	10
	Einatmen	=	1
	....		

Sie brauchen also nichts weiter zu tun, als die Atemzüge zu zählen. Vermeiden Sie es, den Atem zu beeinflussen, einfach nur beobachten und dabei zählen. Sind Sie aus der Reihe gekommen, dann fangen Sie einfach wieder von vorn bei 1 an.

Beenden Sie nach ein paar Minuten das Zählen, und stellen Sie sich nun vor, wie der Atem durch Ihren Körper strömt. Richten Sie also Ihre Aufmerksamkeit auf den Vorgang des Atmens.

Versuchen Sie, mit Ihrer Wahrnehmung dem Atemstrom zu folgen: wie er durch die Nase in den Körper eintritt ... durch die Luftröhre streicht und in die Lungen einfließt ... diese immer weiter ausfüllt und ausdehnt ... und beim Ausatmen auf dem gleichen Weg wieder zurückflutet ...

Begleiten Sie also Ihren Atem durch Ihren Körper. Schenken Sie dem Fließen Ihres Atems Ihre ungeteilte Aufmerksamkeit. Machen Sie diese Atem-Übung, wann immer es Ihnen möglich ist. Sie dauert nur 5 bis 10 Minuten und bringt mehr »Zinsen« als jedes Sparbuch.

Im Grunde genommen verschafft uns diese Konzentration auf den Atem nicht nur Ruhe und Entspannung, sondern sie geht immer mehr darüber hinaus, bis sie uns schließlich in einen neuen Zustand eintreten läßt, in die **Meditation**.

Was aber ist überhaupt Meditation, was versteht man eigentlich darunter? Der Begriff »Meditation« geht auf das lateinische Wort »meditatio« zurück, das soviel wie »Versenkung in etwas « bedeutet. In etwas versenken meint wiederum, zum Zentrum, zur Mitte, zum Wesenskern einer Sache zu gelangen.

Meditieren heißt also »zur Mitte gehen« oder genauer gesagt: zur Mitte gegangen werden, denn Meditieren ist weniger ein aktiver als ein passiver Vorgang, der dann wie von selbst geschieht, wenn wir die entsprechenden Voraussetzungen geschaffen haben.

Der zum Kopf-Menschen »hochgezüchtete« Mensch unserer Zeit, der den Verstand höher bewertet als den gefühlsmäßigen Bereich, hat jedoch erhebliche Schwierigkeiten, seine Mitte (wieder-) zu finden. Und je »kopflastiger« er wird, je weiter er aus seiner Mitte herausfällt, desto weiter entfernt er sich auch von seiner leibseelischen Ganzheit.
Um so mehr braucht er wiederum die Meditation, die ihm hilft, mit sich selbst Eins zu werden. Er braucht sie dringend, um seine eigene Spaltung zu überwinden. Oder kürzer gesagt: Er braucht die Meditation, um sich selbst zu heilen.
Die **folgende Meditation** kann uns helfen, unsere Mitte, den Mittelpunkt, das Zentrum unseres Wesens wiederzufinden:

Nehmen Sie eine aufrecht sitzende, bequeme Haltung ein. Schließen Sie die Augen. Bringen Sie sich zunächst mit Hilfe des Atem-Zählens in einen Zustand körperlich-geistiger Ruhe. Lauschen Sie in sich hinein. Hören Sie nach innen. Spüren Sie, wonach es Sie drängt.
Fragen Sie sich:

»Was ist es, das ich suche?
Was müßte ich tun, um dem näher zu kommen?
Was kreist und kreist in mir?
Was will aus mir herauskommen?
Was will hochkommen?
Kann es mit mir so weitergehen?
Bin ich eigentlich ich selbst?
Spüre ich mich eigentlich überhaupt noch?
Kenne ich mich (noch)?
Wann fühlte ich mich das letzte Mal in meiner Mitte?
Wie oft ruhe ich in meiner Mitte?
Wie oft bin ich mir selbst mein eigener Mittelpunkt?«

Betrachten Sie, während Sie sich diese Fragen zu Gemüte führen, alle auftauchenden Gedanken und Gefühle, ohne sie jedoch gleich zu bewerten. Nehmen Sie nur wahr. Tauchen Sie dabei ein in ein Gefühl von Zeitlosigkeit, und lassen Sie Ihren Atem langsam und tief werden. Wenn Sie merken, daß Sie die Meditation beenden möchten, atmen Sie mehrmals tief ein und aus, öffnen Sie die Augen, und gehen Sie wieder an Ihr Tagewerk.

Versuchen Sie, das, was Sie während der Meditation erfahren haben, mit in den Alltag zu nehmen. Ändern Sie das, was Sie ändern können. Kehren Sie, so oft es Ihnen möglich ist, zurück zur Mitte. Noch besser: Bleiben Sie – was immer Sie tun – in Ihrer eigenen Mitte.
Üben Sie nicht nur hin und wieder diese Meditation, sondern machen Sie Ihr ganzes Leben zu einer einzigen Meditation!

Führen Sie ein meditatives Leben – ohne Klostermauern – mitten im Alltag.

Innere Harmonie und Gesundheit

Unsere Gedanken bestimmen unsere Gesundheit. Mit jedem Gedanken, den wir in uns bewegen, heilen wir uns oder zerstören wir uns. Gedanken erzeugen Gefühle:

Positive Gedanken erzeugen positive Gefühle.
Negative Gedanken erzeugen negative Gefühle.

Jede unserer mehr als 60 Billionen Zellen spürt unsere Gefühle. Jede unserer mehr als 60 Billionen Zellen reagiert auf unsere Gedanken. Ist der Inhalt unserer Gedanken positiv, so lautet die symbolische Botschaft an unsere Zellen: *»Lebt! Werdet schnell wieder gesund!«* Ist der Inhalt unserer Gedanken negativ, so lautet die symbolische Botschaft an unsere Zellen: *»Sterbt! Es hat doch alles keinen Sinn!«*
Erkennen Sie jetzt, wie wichtig all das, was wir über Gedanken, Optimismus und Einstellung gesagt haben, insbesondere für unsere Gesundheit ist? Auch Gesundheit fällt uns nicht einfach zu. Wir müssen schon etwas tun, um sie zu erhalten oder wiederzuerlangen. Alles was in, mit und um uns geschieht, wirkt sich auf unser Wohlbefinden aus.

Erinnern Sie sich: Das, worauf wir unsere Aufmerksamkeit lenken, das stärken wir, das wächst und wird mehr. Reden Sie also nur noch von Gesundheit, Gesundung, Genesung und Heilung. Dies ist keine Wortspielerei. Ihre ganze Gedankenkraft bekommt dadurch eine andere, eine förderliche Richtung. Worte sind kondensierte Gedanken. Worte können krank machen – den, der sie ausspricht ebenso wie den, der sie hört. Hören Sie also weg, wenn es ums Thema Krankheit geht. Meiden Sie solche im wahrsten Sinne des Wortes »krankhaften« Gespräche (heute zum Volkssport geworden) wie die Pest. Worte beeinflussen uns, sie suggerieren uns etwas, Worte sind **Suggestionen**. Achten Sie darauf, von und zu was Sie sich beeinflussen lassen wollen.

Wie wärs, wenn Sie einmal etwas Konkretes für sich und Ihre Gesundheit bzw. Heilung tun? Meditationen fördern ebenfalls innere Harmonie, Gesundheit und Wohlbefinden.
Gönnen Sie sich 5 bis 10 Minuten und machen Sie **folgende Heil-Meditation**:

Setzen oder legen Sie sich bequem hin. Sorgen Sie für äußere Ruhe. Lassen Sie beim Ausatmen alle Spannungen aus sich heraus. Spüren Sie, wie Ruhe und Gelassenheit sich in Ihnen ausbreiten. Lesen Sie sich nun die folgenden Worte mehrmals ruhig und getragen vor:

»Ich fühle, daß ich bin.
Ich fühle, daß in mir Geist, Seele und Körper harmonisch vereinigt sind,
daß ich ganz bei mir bin, in meiner eigenen Mitte.
All mein Denken, Fühlen und Handeln sind positiv geprägt.
Alles in mir ist von Liebe durchdrungen,
von Freude durchströmt,
von Sicherheit getragen.
Ich spüre, wie die inneren Kräfte in mir wachsen.
Ich spüre, wie alle meine Zellen auf die heilsame Schwingung meiner Worte reagieren.
Ich weiß, daß mein Körper es gut mit mir meint.
Ich kann seiner Weisheit voll und ganz vertrauen.
Das macht mich ruhig und gelassen.
Ich bin allezeit ruhig und gelassen, voller Mut, voller Energie, voller Selbstvertrauen.
Ich bin mir meiner selbst sicher, meine Gefühle sind gesund, mein Geist ist gesund,
meine Seele ist gesund, mein Körper ist gesund.
Ich bin voller Frieden und Harmonie.
Ich bin im Lot, und dafür danke ich.«

Allein diese einfache, unscheinbare Übung wird für jeden Heilungsverlauf von großem Nutzen sein. Hier gilt: Probieren geht über Studieren! Also: **Tun Sie's!** Auch wenn Sie gesund sind, wird dieser bescheidene Zeitaufwand einiges bewirken. Die Wiedergenesung läßt sich mit einer Findung oder Neufindung von Harmonie vergleichen, denn der Harmonie geht stets die Disharmonie oder gar das Chaos voraus. Schaffen Sie Ordnung, dann schaffen Sie Gesundheit!

Gesundheit ist Harmonie, also Ordnung: Ordnung an Körper und Geist.

Ein wirkungsvoller Weg zur Selbst-Heilung sind **Atemübungen**. Wenn wir wissen wollen, wie es in uns aussieht, sollten wir auf unseren Atem achten: Wenn wir innerlich un-eins sind, verkrampft und gehemmt, ist unser Atem flach und unrhythmisch. Jede Atemhemmung ist Ausdruck leib-seelischer Harmoniestörungen, innerer Fehlschaltungen und Fehlhaltungen, die nach dem Gesetz der Wechselwirkung wiederum durch bewußte Atemregulierung entwurzelt und überwunden werden können. Durch langsames, tiefes, bewußtes Atmen können wir auf den leib-seelischen Organismus ordnend, harmonisierend und heilungsfördernd einwirken. Wir können uns gesund atmen!

a) Seinen Atem spüren

Setzen Sie sich aufrecht hin. Schließen Sie die Augen, und besinnen Sie sich für eine Weile nur auf Ihren Atem. Schauen Sie Ihrem Atem innerlich zu. Bleiben

Sie bei Ihrem Atem. Wenn die Gedanken abschweifen, bringen Sie sie zurück zu Ihrem Atem. – Richten Sie ein paar Worte des Dankes an Ihren Atem:
»Atem, ich danke dir dafür, daß du mich belebst, auch wenn ich nicht an dich denke, was fast immer der Fall ist. Ich weiß es: Du läßt mich leben, gibst mir unendlich viel, bei Tag und des Nachts. Es ist wunderbar, dich jetzt so intensiv zu spüren. Ich genieße deine Bewegung: ein – aus ... voll – leer ... Ich bin froh, daß es dich gibt!«

b) Licht atmen

Stellen Sie sich vor, daß strahlendes, reinweißes (Sonnen-) Licht Sie umgibt. Beim Einatmen füllt sich Ihr ganzer Körper mit diesem Licht. Verteilen Sie beim Ausatmen dieses heilende Licht nach allen Seiten hin. Lassen Sie Ihren ganzen Körper in Licht baden. Lenken Sie nach einigen Atemzügen dieses Licht in die Körperstelle oder das Organ, das ganz besonders der Heilung bedarf. Beatmen Sie die kranke Stelle, den Körperteil, das kranke Organ mit heilendem Licht.
Sie können die Übung ebenso mit goldgelbem oder violettem Licht durchführen. Finden Sie Ihre Farbe. Die Farbe, die Ihnen am meisten zusagt, ist Ihre Heil-Farbe!

Meditationen fördern ebenfalls innere Harmonie, Gesundheit und wohlbefinden. Auch hier können wir uns mit einer entsprechenden **Ordnungs-Meditation** viel Gutes tun. Wie wäre es mit den folgenden Gedanken?

»Ich tauche jetzt ein in ein wunderbares Gefühl von angenehmer Gelöstheit.
Ich entspanne mich. Ich lasse mich treiben wie ein Blütenblatt auf einem stillen See.
Ich beobachte das Blatt, und ich beobachte den See.
Ich beobachte die ganze Natur und sehe, wie überall Ordnung herrscht.
Auch ich bin ursprünglich ein Kind der Ordnung.
Darum bringe ich jetzt Ordnung in alle Bereiche meines Lebens,
in meine Arbeit,
in meine äußere Erscheinung,
in meine Gedanken,
in meine Worte,
in meine Gefühle,
in meine Beziehungen,
in meine finanziellen Angelegenheiten.
Ich hülle alles in Ordnung ein.
Ich bejahe die Ordnung in allem, was mich umgibt und durchdringt.
Ich spüre in mir Ordnung, reine, klare Ordnung.
Ich spüre, daß ich mich dadurch auf dem Weg nach oben befinde.
Ich lasse jetzt die Sonne der Ordnung in meinem Herzen aufgehen,
damit Freude, Friede, Fröhlichkeit und Zuversicht in mir wohnen können,
und ich mehr und mehr spüren kann, wie gut es mir geht.«

Und hier noch sieben Schritte, die Wohlbefinden und Heilung fördern:

- Nutzen Sie jede Möglichkeit, um zu wachsen und sich persönlich weiterzuentwickeln.
- Haben Sie den Mut, sich von alten Normen, Formen und Mustern zu lösen.
- Wählen Sie mit Bedacht, mit wem und was Sie sich wie lange umgeben wollen.
- Sehen Sie in jeder Krise einen Neu-Anfang, keinen Untergang.
- Lösen Sie Ihre Konflikte, statt sie zu verdrängen.
- Singen, lachen und freuen Sie sich täglich – zumindest in Ihrer Vorstellung.
- Trachten Sie danach, Liebe zu verbreiten, denn Liebe ist das All-Heilmittel!

Wie die Feder im Wind

Das Dasein der meisten Menschen gleicht einer Feder,
die je nach Umständen vom Wind umhergeweht wird.
Bald ist sie oben, bald unten, bald links, bald rechts,
planlos und ohne Absicht ...

Doch kann dieses federleichte, unbestimmte Dasein
auch in ein freies, zielgerichtetes Schweben gewandelt werden.
Wer die Gesetze des Windes kennt,
kann sich selbst ausrichten, um im Aufwind zu sein.
Mit Leichtigkeit bewegt er sich mit Hilfe des Windes,
benutzt ihn und seine Gesetze,
um in eine selbstgewählte Richtung zu steuern.